Fiche **philosophe**

Par Nicolas Cantonnet

Marc Aurèle

LePetitPhilosophe.fr

MARC AURÈLE

PHILOSOPHE STOÏCIEN ET EMPEREUR ROMAIN

- **Né en 121 à Rome**
- **Décédé en 180 à Vindobona**
- **Son unique œuvre** :
  - *Pensées pour moi-même*

Dernier grand **représentant du courant stoïcien** au IIe siècle, Marc Aurèle est également un **empereur romain**, qui a eu l'occasion de mettre en pratique les préceptes de la doctrine stoïcienne, en faisant face aux **multiples obstacles** rencontrés au cours de son règne (catastrophes naturelles, épidémies et nombreuses révoltes barbares) avec une grande fermeté d'âme. Le stoïcisme vise en effet l'absence de passions et une parfaite maitrise de soi ainsi que de ses jugements. Il s'agit de se rendre indépendant des évènements extérieurs et d'accepter systématiquement le destin.

Les *Pensées* de Marc Aurèle, qui comptent douze livres, sont davantage un **recueil de notes et de réflexions** qu'un journal intime à proprement parler (on n'y trouve en effet ni « confessions » ni détails sur le quotidien de l'empereur). Loin d'être purement spéculatifs, ces écrits ont une **préoccupation éthique**. Il faut également noter que ces *Pensées* étaient personnelles, puisqu'écrites « pour lui-même », et n'étaient pas destinées à être publiées, comme en témoigne leur aspect déstructuré et parfois redondant. Elles ont été rédigées en grec et non en latin (qui est pourtant la langue maternelle de l'empereur), le grec étant traditionnellement la langue des philosophes. Sans proposer d'apport fondamental au stoïcisme, ces *Pensées* constituent néanmoins une remarquable synthèse des traits principaux de cette doctrine.

BIOGRAPHIE

LA FORMATION ET L'ACCESSION AU POUVOIR

Marc Aurèle (Marcus Aurelius Antoninus en latin) est **né à Rome en 121**. Issu d'une **famille aisée**, il perd son père à trois ans et est élevé par son grand-père. Il reçoit une éducation complète et, rapidement, montre une attirance pour la philosophie : il suit les leçons des meilleurs penseurs de l'époque et adhère au stoïcisme. Aussi s'impose-t-il très tôt une **discipline de fer** : il décide par exemple dès l'âge de douze ans de se passer de lit pour dormir.

Marc Aurèle a dix-sept ans lorsque l'empereur romain Hadrien (76-138) meurt. Celui-ci a désigné comme successeur Antonin le Pieux (86-161) et lui a demandé d'adopter Marc Aurèle ainsi que Lucius Verus (130-169, le fils du successeur qu'Hadrien avait d'abord choisi mais qui était décédé), en lui laissant la possibilité de les désigner tous deux au gouvernement de l'Empire ou de n'en choisir qu'un seul. Antonin choisit Marc Aurèle, mais lorsque ce dernier **accède au pouvoir à quarante ans, en 161**, il associe son frère adoptif Lucius Verus à la tête de l'Empire romain.

UN RÈGNE MOUVEMENTÉ

La paix dont jouit l'Empire depuis un siècle est troublée dès la première année du règne de Marc Aurèle par un **soulèvement militaire en Orient**. Après une première défaite romaine contre les Parthes, en 166, de rudes combats

permettent de venir à bout de cette peuplade qui mena-
çait d'envahir la Syrie, province romaine. Mais les soldats
victorieux apportent **la peste dans Rome** et l'épidémie se
propage jusqu'au Rhin. Les Marcomans et les Quades, des
peuplades germaniques de la région du Danube, envahissent
alors le Nord de l'Italie. Après l'intervention de Marc Aurèle,
de Lucius Verus et de plusieurs généraux, **les Barbares** sont
chassés au-delà du Danube, mais Lucius Verus est frappé
de congestion et meurt à trente-neuf ans, en 169. Peu après
son retour à Rome et les funérailles de son frère adoptif,
Marc Aurèle apprend que les Barbares viennent à nouveau
d'envahir le Nord de l'Italie. Il se rend alors une nouvelle fois
sur les rives du Danube et les légions romaines finissent par
l'emporter en 175.

Après cette victoire, Marc Aurèle apprend **la révolte d'un
de ses généraux, Avidius Cassius** (?-175). Ayant appris que
l'empereur était malade, le général a fait courir le bruit de
sa mort : les légions qu'il a sous ses ordres le désignent alors
comme son successeur. Marc Aurèle décide de parlementer
avec l'usurpateur, mais lorsque les soldats de Cassius ont
vent de la supercherie, ils se révoltent et tuent celui-ci. Marc
Aurèle juge alors nécessaire de continuer son voyage pour
se montrer dans tous les pays où Cassius l'a fait passer pour
mort. La même année, l'impératrice Faustina (125-175), la
fille d'Antonin le Pieux avec laquelle Marc Aurèle s'est marié
en 145 et qui lui a donné treize enfants (dont seulement six
ont survécu) meurt. L'empereur fonde en sa mémoire **un
établissement charitable** aux frais de l'État, devant subve-
nir à l'entretien et à l'éducation de cinq-mille filles pauvres.

Au milieu de l'année 178, **les Barbares** viennent soudaine-ment envahir et dévaster la Pannonie, en Europe centrale. Marc Aurèle décide d'aller rejoindre ses troupes, mais il est **atteint d'un virus** en 180 et rend l'âme à cinquante-huit ans : il n'est donc pas mort étranglé par son fils Commode (161-192), comme on peut le voir dans le film *Gladiator* (2000) de Ridley Scott. Il demande avant de mourir à Commode, associé depuis trois ans à son pouvoir, de terminer la guerre.

UN HOMME DE TERRAIN DOUBLÉ D'UN PHILOSOPHE

L'empereur s'est rendu célèbre pour son humanité, sa dou-ceur, sa générosité et son insensibilité face aux séductions de la gloire. C'était **un homme de terrain**, ayant passé la plupart de son règne dans les camps et conduisant lui-même les opérations, **mais aussi de réflexion**, puisqu'il s'est intéressé très tôt à la philosophie, avant de se convertir au stoïcisme.

Il était réputé pour sa **bienveillance à l'égard des citoyens** de l'Empire : pour remplacer les légions détruites par la guerre contre les peuplades du nord de l'Italie, il décida de rassembler ce qu'il y avait de plus précieux dans ses palais pour le mettre aux enchères afin de n'avoir recours à aucune ressource tirée de ses concitoyens. Il n'aimait pas la guerre et ne la faisait que dans le seul intérêt de l'Empire. Il était d'ailleurs **magnanime envers les ennemis** de l'État : il tentait toujours d'apaiser les conflits avant de se décider à combattre. Il a laissé l'image d'**un gouvernant droit, vail-lant et sage**, et ce malgré les innombrables obstacles qu'il a rencontrés. En effet, outre les incessants soulèvements militaires qu'il a dû affronter, son règne a également été marqué par des catastrophes naturelles : le Tibre a débordé dès la première année de son accession au pouvoir, ruinant les bas quartiers de Rome, noyant les troupeaux et emportant les récoltes, et l'Empire a par ailleurs connu des tremblements de terre (en 165 et en 178) et la peste (en 166) notamment.

Il faut cependant noter que Marc Aurèle a **également une part d'ombre** :

- il a en effet laissé persécuter les chrétiens, qui menaçaient selon lui la cohésion de l'Empire – cette hostilité n'était à sa décharge pas une invention de sa part, puisqu'elle remontait à l'empereur Trajan (53-117) ;
- il lui a également été reproché d'avoir choisi pour successeur son sanguinaire et débauché fils Commode, au lieu de perpétuer la tradition de l'adoption.

CONTEXTE PHILOSOPHIQUE

Marc Aurèle a rapidement adhéré au stoïcisme, un courant philosophique qui a subi l'influence du cynisme et qui s'est fortement opposé à un autre courant qui lui était contemporain, l'épicurisme.

LE CYNISME

Le fondateur du cynisme est Antisthène (vers 444-365 av. J.-C.), mais la figure la plus emblématique de ce mouvement est Diogène de Sinope (vers 413-327 av. J.-C.), appelé **Diogène le Cynique**. Les cyniques voulaient **vivre selon la nature**, concept à prendre au pied de la lettre puisqu'ils prenaient pour modèle l'animal. L'une des anecdotes les plus célèbres met en scène Diogène, déambulant en pleine journée dans les rues d'Athènes avec une lanterne allumée, en clamant « Je cherche un homme ». Cette histoire illustre à la fois :

- l'aspect provocateur des cyniques, qui méprisaient les conventions sociales,
- et leur volonté de retourner à la nature, l'homme étant selon eux perverti par la société. Il s'agissait donc d'adopter le mode de vie des animaux, notamment des chiens (*kynos*, qui a donné « cynique », signifie « chien »).

Les cyniques prônaient également **l'autosuffisance** : ils souhaitaient se délivrer des circonstances extérieures en vivant le plus modestement possible. Ainsi Diogène portait pour seul vêtement un manteau et avait élu pour demeure une amphore (vase de terre cuite).

La vertu se situait aux yeux des cyniques dans **le courage** : prenant pour modèle le demi-dieu Héraclès, ils recherchaient l'épreuve afin de s'exercer à résister à la douleur et ainsi améliorer leur maitrise d'eux-mêmes. Diogène marchait par exemple pieds nus sur la neige et se roulait, en été, dans le sable brulant. La philosophie cynique consistait donc en un exercice perpétuel sur soi-même.

Les cyniques se considéraient également comme des **citoyens du monde** : peu importe l'origine ethnique et sociale des hommes, ces derniers étant tous égaux entre eux. Ce cosmopolitisme venait en droite ligne de la pensée de Socrate (470-399 av. J.-C.).

L'ÉPICURISME

Épicure (341-271 av. J.-C.) a fondé le courant de pensée qui porte son nom en 306 av. J.-C. Il invitait des centaines de disciples, dont des femmes et des esclaves, dans son jardin – raison pour laquelle les épicuriens étaient appelés « les philosophes du Jardin ».

L'épicurisme propose avant tout **une manière de vivre, simple et frugale**, loin de l'agitation politique, et met en avant l'importance de l'amitié. Mais il comprend également **une dimension physique** : selon les épicuriens, l'univers est composé d'une infinité de mondes constitués d'atomes qui s'assemblent entre eux pour former les corps. L'âme étant elle aussi un agglomérat d'atomes, la mort n'est pas à craindre, puisque l'âme se dissout en même temps que le corps, pas plus que les dieux. En effet, pour Épicure, les dieux existent, mais ils vivent en dehors du monde et se désintéressent des affaires humaines : l'univers est donc gouverné par le hasard.

> **BON À SAVOIR**
>
> L'**atomisme** est une doctrine philosophique développée par Démocrite (vers 460-370 av. J.-C.) et reprise par Épicure. Elle affirme que tout ce qui existe dans l'univers n'est que matière et que toute matière est composée d'atomes qui s'assemblent entre eux. En ce sens, l'atomisme est une forme de **matérialisme** : il s'agit d'une théorie selon laquelle la matière constitue l'unique réalité ou, du moins, la réalité fondamentale de l'univers.

Dans la morale épicurienne, **le souverain bien est le plaisir**, mais il s'agit d'un **plaisir modéré** : il faut satisfaire les plaisirs nécessaires (boire et manger) et éviter les plaisirs vains (la gloire, la luxure, la richesse, etc.). On est donc loin de l'idée que l'on se fait aujourd'hui de l'épicurien, assimilé dans l'imaginaire collectif à un débauché, vivant dans l'excès. Les épicuriens visaient, via ce plaisir modéré, **l'absence de troubles dans le corps et dans l'âme (ataraxie)**.

LE STOÏCISME

Le stoïcisme a été fondé en 301 av. J.-C. par **Zénon de Citium** (vers 335-264 av. J.-C.) et s'est prolongé jusqu'à Marc Aurèle, au IIe siècle de notre ère. Ce courant de pensée, qui s'est donc étendu sur environ cinq siècles, se divise traditionnellement en **trois grandes périodes** :

- le stoïcisme antique, avec Zénon de Citium, Cléanthe (vers 331-232 av. J.-C.) et Chrysippe (281-205 av. J.-C.). Ce dernier, avec plus de 700 ouvrages, a beaucoup apporté à la doctrine, mais la majorité de ses textes ont disparu ;
- le stoïcisme moyen, avec Panétius (vers 185-110 av. J.-C.) et Posidonius (135-51 av. J.-C.), qui ont surtout transmis la pensée stoïcienne ;
- le stoïcisme impérial (ou néostoïcisme), qui comprend notamment Sénèque (vers 4 av. J.-C.-65 apr. J.-C.), l'esclave Épictète (vers 50-125) et l'empereur Marc Aurèle. Cette période est, plus que les autres, centrée sur la morale et la manière de vivre.

Selon le stoïcisme, **le monde est unique, fini et gouverné par Dieu**, la raison, le destin, la providence (ces quatre notions se confondent), si bien que **rien n'arrive par hasard**. Le stoïcisme est également une doctrine de **l'engagement politique** : Sénèque était ainsi conseiller et précepteur de l'empereur Néron (37-68), et Marc Aurèle était empereur. Sur ces points, le stoïcisme s'oppose à l'épicurisme.

Tous les évènements étant nécessaires et utiles à l'ordre du monde, il faut les accepter sans s'en plaindre. L'homme est maitre de son jugement et peut, au moyen de l'âme et de la raison, maitriser ses passions. Chez les stoïciens, **le souverain bien est la vertu** (dont le courage) et non le plaisir.

On constate dans cette doctrine une **recherche d'épreuves**, voire un certain dolorisme (en particulier chez Sénèque), que l'on trouvait déjà chez les cyniques. Les stoïciens ont donc hérité de ces derniers **l'importance du courage, l'exercice sur soi-même et l'autosuffisance**, mais aussi **le cosmopolitisme** et l'idée selon laquelle il faut **vivre selon la nature** – même si la conception de la vie selon la nature chez les stoïciens est très différente de celle des cyniques. Le cynisme a donc eu une influence considérable sur le stoïcisme.

PENSÉE ET APPORT

LA NATURE DE L'ÂME ET LA NATURE DU MONDE

Il s'agit donc, chez Marc Aurèle et les stoïciens, de **vivre selon la nature**, un concept hérité des cyniques, même si le principe est totalement différent :

- les cyniques voulaient vivre selon la nature au sens littéral, c'est-à-dire adopter le mode de vie des animaux ;
- les stoïciens considèrent pour leur part que la nature est rationnelle. Elle désigne par ailleurs à la fois **la nature rationnelle de l'âme et la nature rationnelle du monde**. Ces deux natures vont de pair. Ainsi, vivre selon la nature consiste à se laisser conduire par sa propre nature d'être rationnel et par la nature universelle (citation 1).

L'âme, une citadelle imprenable

Le stoïcisme affirme que **l'homme a la capacité de rester indifférent face aux évènements**, quels qu'ils soient. Le bien et le mal n'existent pas : seuls comptent le bien moral, c'est-à-dire la vertu (les quatre vertus cardinales étant la prudence, la tempérance, la justice et le courage) et le mal moral (le vice). La mort, la maladie, l'échec, la pauvreté, etc. ne sont que des choses indifférentes, tout autant que la vie, la réussite, la richesse et la santé. Il faut donc y être indifférent.

Dès lors, **il s'agit de ne suivre que sa raison et de rester toujours le même**, à n'importe quel moment et dans n'importe quelle situation, même dans les grandes souffrances telles que la perte d'un être cher ou la maladie. L'empereur parle même – belle métaphore de la doctrine stoïcienne – d'une citadelle pour évoquer l'âme humaine, et plus particulièrement celle du sage, qui a atteint la parfaite maitrise de lui-même (citation 2). Le meilleur exemple de ce contrôle absolu qu'a pu nous offrir le stoïcisme nous provient d'Épictète. Selon la légende, la fermeté d'âme de l'esclave-philosophe a été mise à l'épreuve par son maitre. Voyant que celui-ci était sur le point de lui briser la jambe, Épictète le prévint : « Attention, tu vas la casser. » Après que sa jambe fut effectivement brisée, le philosophe dit, impassible : « Je t'avais bien dit que tu la casserais. »

Plus précisément, pour demeurer indifférent et se libérer de la douleur, il faut :

- voir ce que sont les choses en elles-mêmes ;
- en rester toujours aux représentations immédiates ;
- effacer les représentations imaginaires, car les troubles viennent uniquement de l'opinion que l'âme se fait des choses et des évènements.

Il s'agit donc de ne pas ajouter de jugement supplémentaire à nos représentations, car le jugement est issu de l'opinion et de l'imagination, qui nous trompent et, plus encore, nous tourmentent (citation 3). Cette idée constitue l'un des points récurrents des *Pensées*.

L'âme, la part divine de l'homme

Une telle maitrise de soi est-elle vraiment possible ? Selon Marc Aurèle, oui, car **l'âme**, que le philosophe appelle également raison, génie ou encore principe directeur, constitue **la part divine de l'homme**. On trouve déjà cette idée chez Épictète, qui explique que l'homme est « un fragment de Dieu » dans le sens où il a en lui « une partie de Dieu ».

L'objectif du stoïcien est donc de s'apparenter le plus possible aux dieux au moyen de la raison. Le sage accompli – qui est extrêmement rare, au point que les stoïciens ne se considéraient eux-mêmes pas comme tels, mais plutôt comme des « progressants » – est ainsi égal aux dieux.

Une éthique sociale

Le sage stoïcien doit donc se retirer dans sa citadelle, pour ne pas être touché par les évènements, mais celle-ci n'est qu'intérieure : il **ne s'agit en aucun cas d'un ermite qui vivrait en marge de la société**. Au contraire, le sage mène une vie en apparence ordinaire :

- il prend femme et a des enfants ;
- il s'engage dans la vie politique ;
- **il se montre altruiste et sociable**.

Marc Aurèle insiste à maintes reprises sur ce dernier point. Selon lui, en effet, **qui dit raisonnable dit sociable** : l'homme, qui se caractérise par sa raison, s'occupe par conséquent naturellement de son prochain (citation 4). Cette règle ne souffre aucune exception : le sage se rend donc également utile et agréable aux personnes qui ne semblent pas le mériter, c'est-à-dire aux grossiers et aux ingrats. En effet, selon le philosophe, ceux-ci ne pèchent pas volontairement, mais par ignorance. Cela n'est pas sans rappeler le « Nul n'est méchant volontairement » de Socrate. Par ailleurs, on peut établir une comparaison entre cet altruisme stoïcien et la morale chrétienne, qui recommande d'être bon et charitable envers son prochain.

Le fait de traiter tous les hommes de la même façon découle également du cosmopolitisme de la doctrine stoïcienne : **l'homme est considéré comme citoyen du monde**. Il s'agit alors de ne point porter d'importance à ses origines ou à son statut social et de toujours le considérer comme son égal. Il n'est d'ailleurs pas anodin que le courant stoïcien compte dans ses rangs un esclave et un empereur.

Le monde, un Tout gouverné par la providence

Pour vivre en accord avec la nature du monde, il faut d'abord s'attarder sur la conception qu'ont les stoïciens de ce dernier :

- d'une part, le monde est unique et fini ;
- d'autre part, tous les éléments qui le composent sont reliés entre eux : tout contribue à la cause de tout, toutes les choses sont imbriquées les unes dans les autres, sont en relation les unes avec les autres.

Si toutes les choses sont reliées entre elles, c'est parce que **tout est orchestré par la providence et le destin**. Rien n'arrive par hasard, contrairement à ce qu'affirmaient les épicuriens. Lorsqu'un évènement se produit, quel qu'il soit, il faut le voir sous l'angle du Tout (<u>citation 5</u>).

Par conséquent, **il faut accepter tous les évènements qui nous arrivent**, même les plus douloureux : Marc Aurèle en revient encore une fois à l'idée fondamentale selon laquelle le mal n'existe pas en soi. Pour collaborer avec la providence divine, qui rend le monde le meilleur et le plus harmonieux possible (on retrouvera par la suite cette idée chez le philosophe allemand Gottfried Wilhelm Leibniz, 1646-1716), il faut accepter les choix qu'elle opère, et ce pour deux raisons :

- tout d'abord parce que ces choix sont faits pour les hommes et leur correspondent ;
- ensuite parce qu'ils contribuent au bon fonctionnement et à la perfection du monde ainsi qu'à la persistance de celui qui le gouverne.

Il s'agit donc d'aimer son destin, en acceptant que tout ce qui arrive doive arriver. On pense au célèbre « Veuille que les choses arrivent comme elles arrivent et tu seras heureux » d'Épictète, mais on retrouve des sentences du même ordre chez l'empereur.

LE RAPPORT AU TEMPS

La transformation du monde

Marc Aurèle, dans ses *Pensées*, met à plusieurs reprises l'accent **sur la transformation du monde** (<u>citation 6</u>). Cette idée provient d'Héraclite (vers 550-480 av. J.-C.), selon lequel tout est en mouvement, si bien que l'« on ne se baigne jamais deux fois dans le même fleuve ».

Ce thème de la transformation provient de l'idée de **la fuite du temps**.

La brièveté de la vie

La brièveté de la vie est également un thème récurrent dans les *Pensées*. Nombreuses sont les occurrences où Marc Aurèle émet ce constat (citation 7).

Conséquence de la brièveté de l'existence et de la fuite du temps : **il faut vivre dans le présent et profiter de chaque jour**. Il s'agit, pour Marc Aurèle, d'accomplir chaque action comme si elle était la dernière de notre vie, de ne pas agir comme si nous devions vivre indéfiniment. Il faut donc se concentrer uniquement sur le présent (citation 8). Selon les stoïciens, **seul le présent dépend de nous**. Il faut d'autant plus fuir le passé et le futur qu'ils entrainent certaines passions :

- le passé suscite la nostalgie et le remords ;
- le futur engendre crainte et espoir.

L'imminence de la mort

La brièveté de la vie a pour autre conséquence **l'imminence de la mort**. Là encore, Marc Aurèle n'est pas avare de pensées en apparence pessimistes sur le sujet : il explique ainsi qu'à tout moment, nous nous rapprochons davantage de la fin et que nous n'existerons bientôt plus (citation 9).

Mais la perspective de la mort doit avoir un rôle positif et non négatif : elle ne doit pas nous rendre triste et mélanco-lique, mais au contraire **nous inciter à profiter de chaque instant, à cueillir le jour**. D'autant que la mort, phénomène naturel, n'est pas à craindre pour Marc Aurèle. Il faut donc l'accepter avec sérénité C'est une idée typique de la pensée antique, qui nous rappelle également Socrate restant impassible avant de prendre la cigüe, Épicure affirmant que « la mort n'est rien pour nous » ou encore le stoïcien Sénèque, imperturbable lorsqu'il s'ouvre les veines suite aux ordres de Néron.

L'homme est vite oublié

Ce point semble plus personnel que les autres, moins représentatif de la pensée stoïcienne dans son ensemble. À de nombreuses reprises, Marc Aurèle affirme que **la gloire est souvent éphémère, voire illusoire**, et qu'il ne faut par conséquent pas en faire grand cas : il évoque, pour appuyer son propos, le nombre important d'hommes célèbres en leur temps et qui sont pourtant tombés dans l'oubli.

L'empereur relativise de cette façon l'homme en soulignant **la précarité de l'existence** : tous les hommes, grands ou moins grands, finissent par sombrer dans la mort et l'oubli. De plus, il souligne également la petitesse de l'être humain par rapport à l'infinité de l'univers (citation 10). Encore une fois, Marc Aurèle essaie d'adopter une perception globale de la vie afin de garder les pieds sur terre et de relativiser sa condition. Tout empereur qu'il est, le philosophe est bien conscient que son existence constitue peu de chose si elle est perçue du point de vue de l'univers entier. Il en déduit ainsi – même s'il n'a pas tout à fait raison sur ce point – qu'il sera bientôt oublié.

EN RÉSUMÉ

Pour Marc Aurèle et les stoïciens, il s'agit de **vivre selon la nature**, caractérisée par sa **rationalité**. Cela consiste à se laisser conduire par sa propre nature d'être rationnel et par la nature universelle.

L'homme doit **se rendre indifférent face aux évènements**, quels qu'ils soient et, pour ce faire, suivre sa raison et demeurer toujours le même, dans n'importe quelle situation. L'empereur parle d'une citadelle pour évoquer l'âme humaine, plus particulièrement celle du sage, qui a atteint la parfaite maitrise de lui-même et de ses passions. Si une telle maitrise de soi est possible, c'est parce que l'âme apparente l'homme à Dieu.

Bien que le sage stoïcien doive rester indifférent, il ne s'agit en aucun cas d'un ermite qui vivrait en marge de la société. Au contraire, il mène une **vie en apparence ordinaire** et il se montre **altruiste et sociable**. En effet, point fondamental chez Marc Aurèle, qui dit raisonnable dit sociable : l'homme, qui se caractérise par sa raison, s'occupe par conséquent naturellement de son prochain. D'autant que tous les individus sont considérés comme des citoyens du monde.

Selon Marc Aurèle et les autres stoïciens, **le monde, unique et fini, est orchestré par la providence divine et par le destin** : rien n'arrive par hasard. Dès lors, il faut accepter tout ce qui nous arrive.

Le philosophe met également fortement l'accent sur la

transformation constante du monde, la fuite du temps, la brièveté de la vie et l'imminence de la mort. Il en conclut qu'il faut **vivre dans le présent** et profiter de chaque instant.

POUR ALLER PLUS LOIN

- BRUN (Jean), *Le Stoïcisme*, Paris, PUF, 1985.
- DE CRESCENZO (Luciano), *Les Grands Philosophes de la Grèce antique*, traduction de Bertrand Levergeois et d'André Maugé, Paris, Le Livre de Poche, 2000.
- ÉPICTÈTE, *Entretiens*, traduction de Joseph Souilhé, Paris, Gallimard, 1993.
- ÉPICTÈTE, *Manuel*, traduction d'Emmanuel Cattin, Paris, GF-Flammarion, 1999.
- HADOT (Pierre), *La Citadelle intérieure. Introduction aux Pensées de Marc Aurèle*, Paris, Le Livre de Poche, 2005.
- MARC AURÈLE, *Pensées pour moi-même* suivies du *Manuel d'Épictète*, traduction de Mario Meunier, Paris, GF-Flammarion, 1964.
- RENAN (Ernest), *Marc Aurèle ou la fin du monde antique*, Paris, Le Livre de Poche, 1984.
- SÉNÈQUE, *La Vie heureuse. La Brièveté de* la vie, traduction de José Kany-Turpin, Paris, GF-Flammarion, 2005.
- SÉNÈQUE, *Lettres à Lucilius*, traduction de Cyril Morana, Paris, Mille et Une Nuits, 2002.

TESTEZ VOS CONNAISSANCES !

ASSOCIEZ CHAQUE CITATION À L'EXPLICATION QUI LUI CORRESPOND

Citation 1 : « Poursuis droit ton chemin, en te laissant conduire par ta propre nature et la nature universelle : toutes deux suivent une unique voie. » (*Pensées pour moi-même*, Paris, GF-Flammarion, 1964, livre 5, chapitre 3, p. 82)

Citation 2 : « C'est une citadelle que l'intelligence libérée des passions. L'homme n'a pas de position plus solide où se réfugier et rester désormais imprenable. » (*Ibid.*, livre 8, chapitre 48, p. 139)

Citation 3 : « Si tu t'affliges pour une cause extérieure, ce n'est pas elle qui t'importune, c'est le jugement que tu portes sur elle. Or, ce jugement, il dépend de toi de l'effacer à l'instant. » (*Ibid.*, livre 8, chapitre 47, p. 139)

Citation 4 : « Aimer tous les hommes est conforme à la nature de l'homme. » (*Ibid.*, livre 3, chapitre 4, p. 56)

Citation 5 : « Tout ce qui arrive est nécessaire et utile au monde universel, dont tu fais partie. » (*Ibid.*, livre 2, chapitre 3, p. 44)

Citation 6 : « Tout est en cours de transformation. Toi-même aussi tu es en état de transformation continue et, à certains égards, de dissolution ; de même pour l'univers entier. » (*Ibid.*, livre 9, chapitre 19, p. 150)

Citation 7 : « Combien est court le temps qui sépare la naissance de la dissolution. » (*Ibid.*, livre 9, chapitre 32, p. 153)

Citation 8 : « Rappelle-toi ensuite que ce n'est ni le futur, ni le passé qui sont à ta charge, mais toujours le présent. » (*Ibid.*, livre 8, chapitre 34, p. 136)

Citation 9 : « À tout moment, nous nous rapprochons de la mort. » (*Ibid.*, livre 3, chapitre 1, p. 53)

Citation 10 : « Petit est donc le moment que chacun vit, petit est le coin de la terre où il le vit, et petite aussi, même la plus durable, est la gloire posthume. » (*Ibid.*, livre 3, chapitre 10, p. 58)

Explication a : nous sommes toujours plus proches de la mort.

Explication b : il s'agit de ne pas ajouter de jugement à nos représentations car il nous trompe et nous tourmente.

Explication c : l'âme de l'homme qui est parvenu à se libérer de ses passions et à atteindre la parfaite maitrise de lui-même est une citadelle imprenable.

Explication d : la gloire est éphémère et l'existence est précaire : une fois morts, les hommes apparaissent bien petits, aussi grands que furent les actes qu'ils posèrent.

Explication e : l'homme doit se laisser conduire par sa propre nature d'être rationnel et par la nature universelle, qui vont dans la même direction.

Explication f : le monde est en constante mutation, de même que l'homme, qui ne cesse lui aussi de se transformer.

Explication g : la vie est brève.

Explication h : l'homme, caractérisé par sa nature rationnelle, aime par conséquent naturellement son prochain, car qui dit raisonnable dit sociable.

Explication i : il faut vivre dans le présent, car seul le présent dépend de nous.

Explication j : rien n'arrive par hasard dans l'univers : tout est nécessaire et utile, et est orchestré par la providence universelle.

Rendez-vous sur lepetitphilosophe.fr et découvrez :

Plus de 1200 analyses
Claires et synthétiques
Téléchargeables en 30 secondes
À imprimer chez soi

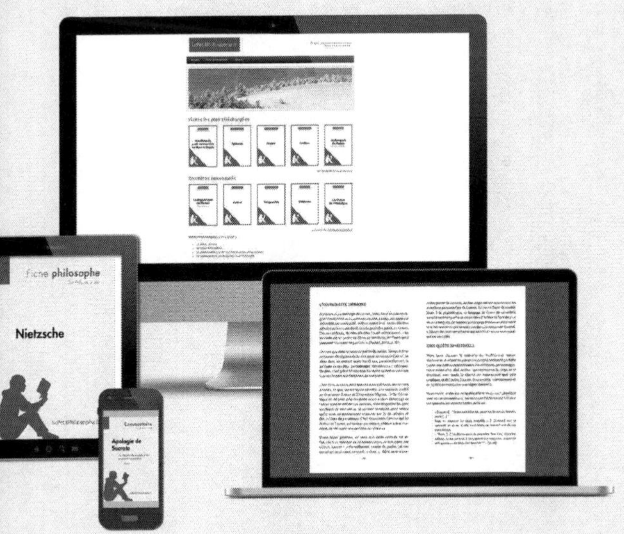

www.lepetitphilosophe.fr

ISBN version numérique : 978-2-8062-4955-5
ISBN version papier : 978-2-8080-0102-1
Dépôt légal : D/2017/12603/486

Conception numérique : Primento,
le partenaire numérique des éditeurs.

Made in the USA
Monee, IL
07 July 2026